80代、自宅で快適に暮らす片づけ

100歳こえて死ぬまで楽しい57の方法

弘瀬美加

興陽館

あした何があるかなんて、
誰にもわかりません。

なんだか不便だったり……。
転倒したり……。
できないことが増えたり……。

安心して暮らせるよう、
体と心にやさしい片づけをしませんか。

やっぱり住みなれた家で、
最後まで暮らしたいから……。

いつまでも、
100歳こえても自宅で快適に暮らす、
片づけについて書きました。

どこからでも、
開いたページからやってみてください。

はじめに
快適に毎日を楽しく過ごすコツ

「最後までなじんだ我が家で暮らしたい」
「もっと気楽な暮らしを楽しみたい」
「体と心にあわせた住まいにしたい」
「転ばないような部屋にしたい」
「いくつになっても自宅で快適に暮らしていきたい」

これは、多くの年齢を重ねた人から聞こえてくる声です。

ずっと暮らしなれた自分の家でこれからも暮らせていけたら……。
そう思ったことはありませんか。
この本を手に取ってくださったということは
あなたもそのひとりではないでしょうか。
じつは多くの人がなじんだ我が家でこのまま暮らしたい、と願っています。
あなたひとりだけではありません。

それでも突然転倒したり、病気になったり、体が思うように動かなくなったり、施設やホームや病院で暮らす人も多いのが現実です。

もちろん施設やホームで気持ちよく楽しく暮らしてる人もたくさんいらっしゃるので、一概に施設やホームにいくことは悲しいことではありません。

反対に、１００歳を超えても、自立して元気に楽しく暮らしている人もいます。

炊事や洗濯や掃除などの家事もすべてご自分でして、自宅で暮らしていま
す。

みなさん、「今日を楽しく、明日も楽しみ」と思える暮らしをされていま
す。

では、どうすれば明日も楽しみな暮らしが自宅でできるのでしょうか。

自宅で快適にずっと暮らす有効な方法、それは「片づける前向きな気持ち
になる」これだけです。

本書でお伝えすることを試していただければ、きっとあなたは快適に毎日
を自宅で暮らすことができるかと思います。

紹介がおくれて申し訳ありません。

こんにちは。わたしは、年齢を重ねた人の体や心の変化にあわせた整理収納のテクニックで、安全で安心・快適な住まいに整え直す仕事をしている弘瀬美加と申します。

これまで、たくさんの人の終の棲家を整え直してきました。

この本では、あなたが、どのように家の中の環境を整え直せば、安心して毎日を快適に暮らせるか、老いと仲良くともに歩むにはどうしたらよいのか、について、具体的に説明していきます。

あなたをイキイキとさせる片づけの方法です。

この本は、自宅で安心して快適に暮らす57の方法についてまとめています。

老いの片づけはとても大事です。

ひとり暮らしをされている人、

これからひとり暮らしをされようとしている人、

年齢を重ねた家族と暮らしている人、
遠くに住む高齢の両親を心配されている人、
そのような人たちのために書きました。

部屋を整え直すことで、あなたは、心地のよい暮らし、おだやかで丁寧な
暮らしが手に入ることでしょう。
この本は開いたページのどこから読んでもOKです。
書いてあることを実践してみてください。

きっとお役に立つと思います。

目次

はじめに
快適に毎日を楽しく過ごすコツ 15

第1章 これで毎日の暮らしが快適に!
片づけは小さくはじめる

01 小さなスペースから片づける 32

02 「使うかも……」のモノを捨てる 34
03 ダンボール収納はしない 38
04 よく使うモノは出し入れしやすい位置に置く 42
05 モノは使う場所ごとに置く 46
06 ドアノブをチェックする 48
07 明日を楽しみに暮らす 51
08 「寝室に入るだけの量」にモノを減らす 54
09 「気持ち」を片づける 56
10 厚着しない、モノを置かない、運動する 58

第2章　転ばない住まいづくり

転倒しない、自宅で安心して暮らす

11　最後まで自分でトイレに行く方法　62
12　リフォームの優先順位を決める　65
13　家具の運搬経路を考えて手すりを設置する　67
14　チラシなどの紙類を、床に置かない　69
15　片づけのついでに、情報収集をする　71

16 便座を立ち座りの楽な高さにする 73
17 冬のトイレは暖かくする 76
18 部屋からトイレに行く経路にモノを置かない 79
19 室温を18℃以上にする 82
20 廊下に照明を何個か分散して置く 84
21 キャスター付きの家具を通路に置かない 86
22 タンスの引き出しにテープを貼る 88
23 シルバーカーの出し入れがしやすい玄関にする 92
24 家の中の明るさを均一にする 95

25 目の老化に備えて、家の中をチェックする 98
26 目の症状に合わせて、照明を変える 100

第3章 「自分に必要なモノを選び取る」からはじめる

モノの捨て方、選び方

27 必要のないモノは買わない 104
28 布で隠した場所を整理する 108
29 使わない定期購入は解約する 112

30 部屋の中の色の数は少なくする 116
31 「病院セット」を用意する 118
32 モノの定位置を決める 122
33 モノの収納や配置を整え直す 124
34 家を離れるときに備え、選び取っておく 126
35 ワンルームマンション生活をイメージする 128

第4章　住まいを子供に片づけてもらうとき

片づけの前に家族に伝えること

36　思い出を心に取り入れてから、処分する　132

37　片づけのとき、心を動かすようにする　134

38　持っていてほしいモノ・処分してもいいモノを話す　136

39　片づけてもらう前に、暮らし方を伝える　139

40　子は、自分の価値観や理想を押し付けない　141

41　片づけをするときに、自分の習慣を伝える　143

42 片づけは、焦らず、同意を得ながら進める 145
43 気持ちに寄りそいサポートする 148
44 記憶を共有しながら、仕分けをする 151
第5章 あしたが楽しみになる片づけ

100歳まで楽しく自宅で暮らす

45 寒暖差疲労に注意する 154

46 浴室・洗面所の掃除と収納を工夫する 156
47 もしものときの「備え」をしておく 158
48 自分が一番優先したいことを決める 161
49 自分の時間を持つ 163
50 介護してくれる人を気遣う 165
51 安全で安心な住まいを整える 167
52 外に出る機会を作る 169
53 家族はほどよい距離感を保つ 171
54 自分らしく過ごせる住まい作りを考える 174

55 前向きに工夫をする 176
56 片づけは自分と向き合うきっかけを作る 179
57 最後までひとり暮らし、「もしも」のときの覚悟を持つ 181
❋ 自宅を終の住まいにする57の方法 184

カバー・本文イラスト　福井若恵

第1章

これで毎日の暮らしが快適に！

片づけは小さくはじめる

01 小さなスペースから片づける

あなたは、片づけは得意なほうですか。
あまり得意ではない、むしろ苦手という人が多いのではないでしょうか。
昔は、結構、きれい好きだったのに……。
片づけた方がいいとは思ってはいるけれど、なんだかとても億劫になってきた。
そう感じていらっしゃる人も多いのではないでしょうか。
じつは、同じように感じている人は、たくさんいらっしゃいます。

あなただけではありません。

ご存知のとおり、年を重ねると、気力や体力も衰えてきます。

なので、長時間の作業は、心身ともに疲れ果ててしまいます。それに、苦手と思っていることをするのですからなおさらのことです。

シニア世代の作業の目安は、2～3時間程度がベスト。

まずは、ご自分の心と体の状態を見ながら、長時間の作業は避けて、たとえば、**トイレや玄関などの小さなスペースからはじめてみてください。**

これは、いわば、片づけのウォーミングアップです。

その小さなスペースを片づけて、「心地よい」、「快適」などと、気持ちが動いたら、次のときには、今回よりも、きっと楽しくできるはず。

そうしたら、片づけの作業もはかどりますよ。

02

「使うかも……」のモノを捨てる

まずはあなたのお部屋を見てみましょう。

収納家具がお部屋を狭くしていませんか。

モノが増えて押し入れやクローゼットにも入りきらない。

付け焼刃で新しい収納家具を買ってあふれたモノを収納すると、どんどん家の中にモノが増えていきます。

当然ですが、お部屋の中も狭くなっていきます。

片づけに伺うと、キッチンのつり戸棚や戸袋の中、クローゼットの奥などには、「使っていないお宝がいっぱい！」といったタイムカプセル状態になっている方がほとんどなのです。

それらは、紙袋や包装紙、レジ袋、化粧品などの試供品、何かのオマケ、引き出物でもらった食器類、安かったからと買ったけど着ない洋服……などなど。「いつかは何かの役に立つかも」、「使うかもしれない」といったモノなのです。みなさん、ほんと、もったいない精神にあふれてらっしゃいます。

確かにモノを無駄にしないことは大切です。そのお気持ちもわからなくもありません。しかし、本来のモノの価値をなくしている状態では、大切にしているとはいえないのです。それどころか、その本来の価値をなくしたモノたちのために、お金を出して新しい収納家具を買うなんて……。

よく考えてみたら、それこそ、もったいないと思いませんか。

みなさんのお家の中にも、「いつか使うかもしれない」っていう理由で置いてあるものは、意外とたくさんあるかもしれません。

「〇〇かも」で収納してあるモノを、いちど見直してみませんか。パッケージが劣化して赤茶けたような、これまで使っていなかったモノは、これからも、おそらく使わないモノがほとんどなのです。そういったモノは、思い切って処分しましょう。

何年、いや何十年も、存在すら忘れていたモノたちなのですから……。

スーパーのレジ袋
セールで安かったあまり着ない服
¥1.000
¥2.000
紙袋
いただきものの食器やタオル
化粧品の試供品
思い出が詰まった、もう着れない服
ぎっしり
いつかは、何かの役に立つと思うのだけど…
きっと使わないから捨てたほうがいいよ

03

ダンボール収納はしない

どこのお宅でも必ずといっていいほどお見かけするダンボール収納。

あなたのお宅にもありませんか。

とりあえず、ダンボールにモノを入れて、一時的に保管のつもりが、存在すら忘れられているソレです。

最近は、みなさん、通販を利用することが多くなりましたよね。

商品が送られてくるダンボールが汚れもなくキレイだから再利用しようとする方も多いのではないでしょうか。ご存知でしたか？　じつは、このダンボール、ダニやゴキブリなどの害虫が卵を産みつけていることがあるのですよ。知らなかった方も多いのではないでしょうか。

湿気を吸いやすく、中が温かいダンボールは、ダニやゴキブリなどの害虫の好きな環境となる条件が揃っているので、害虫の発生・繁殖が避けられません。また、長期間、放置していると、カビやホコリが発生し、健康面でも影響が出る可能性があります。なので、**一度使ったダンボールは、保管せず、すぐに処分することをおススメします。**どうしても自宅収納で使いたいときは、新しく買ったものにダニよけシートなどを敷いて、あまりモノを詰め込みすぎないようにして、風とおしのよい場所に置き、できるだけ洋服や食品などを入れるのは避けましょう。

湿度が上がる季節には、ダニが大量発生してしまうので要注意。ダニの駆除は、晴れた日に天日干しをしたり、いろいろなアイテムを使ってできますが、少しやっかいです。

ともあれ、ひとまず置きのダンボール収納はやめて、プラスチックの収納ケースを使うのが、害虫対策という点でも良いと思います。

ぼんやり中身が見える半透明のものにすると、雑多に見えず、中身も確認しやすくてなお良いですよ。

ああ、また
ダンボールが
増えて
しまうわ…
はーい
宅配便
でーす
ボクの
キャット
フードが
届いた
ニャー！
ダンボールの中には
害虫が卵を産みつけて
いることも！
すぐに処分しましょう
プラスチック製の
収納ケースが
おすすめです

04

よく使うモノは出し入れしやすい位置に置く

あなたのお体の感じはいかがですか。

日常のちょっとした動作にも、ストレスを感じることが多くなってはいませんか。

「普段の生活の動作がつらいと感じることが多くなったけど、まだ介護が必要なほどではないかな」という方は、住まいを少し整え直すことだけで、体にかかる負担が軽減され、かなりラクに動けるようになって、気持ちも軽くなりますよ。

ご自分が家の中でよく使うモノを置いてある位置を今一度、チェックしてみましょう。

そのいつもよく使うモノを出し入れするたびに、「あ痛たたたー」と、痛みを堪えていませんか。いったいいつからその場所にあるのでしょう？　もしかしたら、その家に住み始めたころから同じ場所ですか？　そのころは、きっと今より若くシャキシャキ動けていたころですよね？　だとしたら、年を重ねた今のあなたのお体の状態にはあっていない位置に収納されているのだと思います。そこを整え直していきましょう。

あまり使わない重いモノは下の方に収納しましょう

一般的にモノの出し入れがしやすい位

置は、目線から腰骨の間といわれています。よく使うモノは出し入れしやすい位置に、重くてあまり使わないモノは下の方に、軽くてあまり使わないモノは上の方へと収納する位置を変えて、上下に動く動作を減らして左右に水平に動いて日常の家事などの作業ができるように整え直してみてください。

これは、すぐにでも試していただきたいです。これだけのことで、体の負担も心の負担もグンと軽減されますよ。

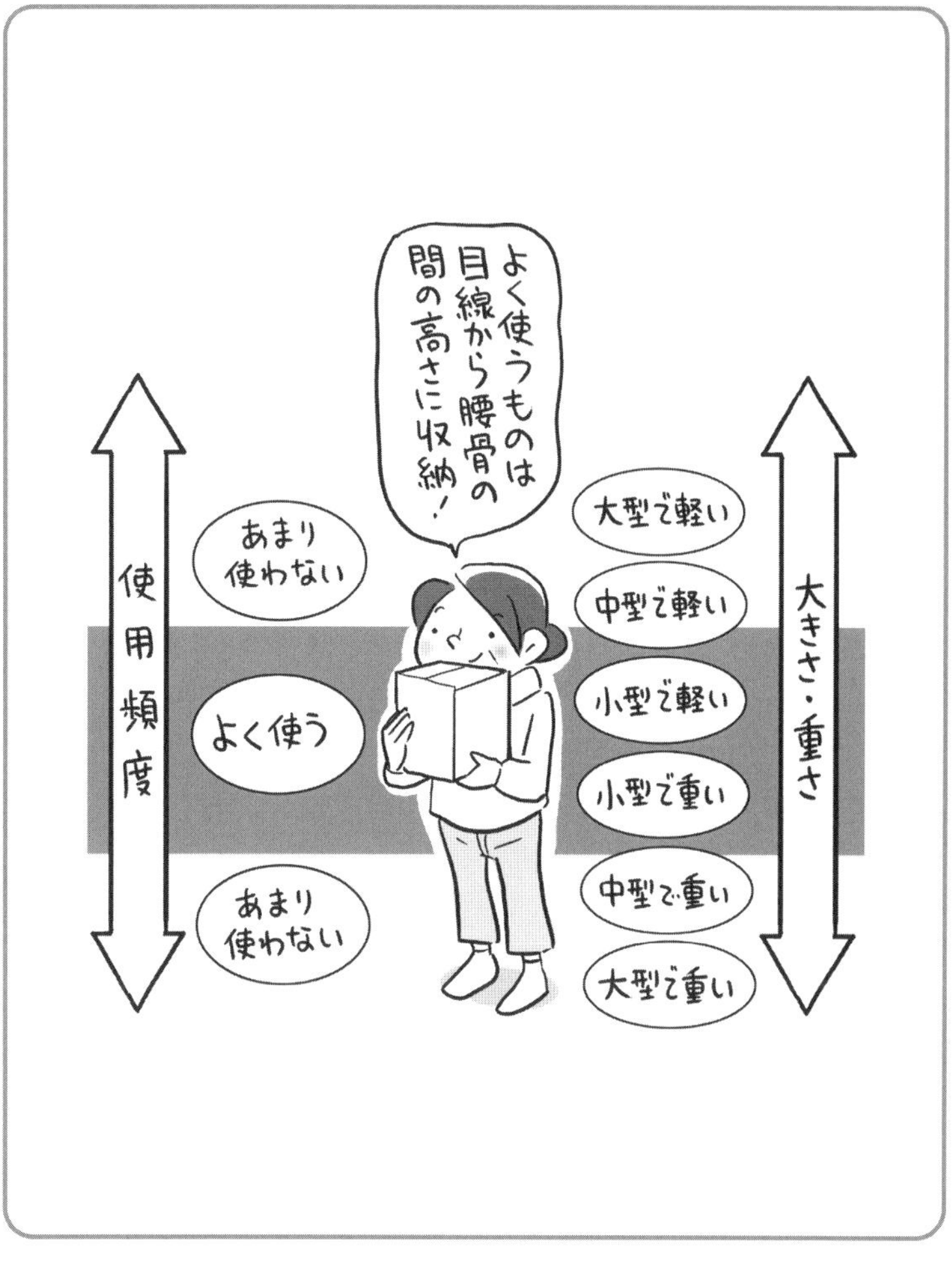
よく使うものは目線から腰骨の間の高さに収納！
使用頻度
あまり使わない
よく使う
あまり使わない
大きさ・重さ
大型で軽い
中型で軽い
小型で軽い
小型で重い
中型で重い
大型で重い

05

モノは使う場所ごとに置く

あなたは、探しものをしている時間が多いなあ、とご自分で感じることはありませんか？

探しものに時間を使うことは、できれば避けたいですよね。

それにはどうしたらよいでしょう。例をひとつご紹介します。

これはここ、あれはあそこ、というふうに、モノの置き場所を決めることは大切です。でも、いろいろな場所で必要になるものはどうでしょう。たとえば、老眼鏡。歳をとると細かい文字が見えにくいので、色んな場所で使いませんか？　また、袋や手紙など、ちょっとしたものを開けるためハサミもよく使いますよね。

老眼鏡やハサミのように、「よく使うけれど家の中で持ち歩かないもの」ってありますよね。そういうものを、家の中にひとつしか置かず、さらに置き場所も決めてしまうと、どうなるでしょう。使うたびにそこまで取りに行って、また使う場所に戻ることになりませんか。行ったり来たりする時間がもったいないですよね。また、使ったまま置きっぱなしにしてしまうと、次に使うときに探すことになり、結局時間が無駄になることもあります。

よく使うモノでも、大きなものや高価なものは複数持つことは難しいですが、小さくて安価なものは、家にひとつと決めつけないで、使う場所ごとに置いておけば、出し入れする時間や探す手間が省けて、ストレスも軽減されます。それに、行ったり来たりすることで高まる転倒のリスクも減るので、安心・快適に暮らせますよ。

06

ドアノブをチェックする

あなたは、自宅のトイレやお風呂に入るとき、ドアの鍵をかけますか？

自分の家にいるのだから……という人もいるかもしれませんが、習慣的に鍵をかけるという人には、ちょっとお話ししておきますね。

お家のトイレやお風呂のドアの鍵を見てみてください。非常解錠装置がついてますか？

非常解錠装置とは、室内から鍵がかけられたドアの鍵をコインなどを差し込んで外から開ける装置のことです。

そんなに古くないお家には、ついていることがあるのですが、建て替えなどしていないお宅では、この装置がついてないかもしれません。

もし、トイレやお風呂で倒れてしまったら、中から鍵を開けることができなくなってしまうので、たいへんですよね。

今は大丈夫だから……とは思わずに、もしものときに備えて、**鍵をかける習慣のある人は、非常解錠装置がついたものに交換することをおすすめします。**

また、お家の中のドアが開けづらいということはありませんか。

高齢になると握力が弱ってくるので、丸いドアノブだと、開け閉めがしづらいと感じる人も多くいらっしゃいます。上から体重をかけるだけで扉が開く、**レバーハンドルへ交換する**と開け閉めがラクになりますよ。

鍵はかけてないつもりでも、何かのはずみで鍵がかかり、閉じ込められてしまった！　なんてことのないように、ドアノブの点検もお忘れなく！

トイレや
お風呂場の
ドアノブは
レバーハンドルが
開けやすいわ
10円玉で
開けられる！
10
もしもの時に
外から鍵が
開けられるように
非常解錠装置が
ついているドアが
いいね！

07
明日を楽しみに暮らす

老化は誰にも止めることができません。

まだまだ若いつもりでいても、ふいに自分が年をとったなと思うことはありませんか。

わたしも、鏡で自分を映すと、加齢を痛感しながらも、アンチエイジングに力を注ぎ、「ほうれい線が消える」なんてことを目にしたら、それを実践して悪あがきをしています。

自分が年をとり高齢者だということを自覚する老性自覚は、人生の半ばの

40代で感じるという人がいる一方で、85歳を超えても自分は高齢者ではないととらえる人もいるそうで、ずいぶん、個人差があります。また、他の人が高齢者とみなす年齢と高齢者自身の老性自覚の年齢との間にも差があるのだそうです。

ともあれ、「老い」を受け入れるのは簡単なことではありませんよね。

わたしは、視力はとても良いのです。なのにいつからか細かい文字が見えにくくなったのです。最初は、老眼鏡を自分が使うということにとても抵抗がありましたが、友人のを試しにかけてみたら、それまでの不便さをパッと解消できたことで、「老い」を受け入れました。

いつまでも、若々しくという気持ちを持つことはもちろん大切ですが、人間である以上、永遠の若さは夢でしかありません。**不安や不便から危険につながるような老化を感じたら、それを自覚して「ありのままの自分」を受け入れ、解消できるようにしましょう。**現実に目をそらさず認めることは、ある意味、勇気のいることですが、無理をせず、自然に逆らわない柔軟な姿勢も、「明日が楽しみ」と思える積極的な生き方への大きな一歩です。

08

「寝室に入るだけの量」にモノを減らす

わたしの講座を受講してくださった方の多くが、「ずいぶんと断捨離をして、モノを捨てている」とおっしゃいます。

でも、人によって、「ずいぶん」の量も、さまざまですよね。

膝や腰が痛いとか、多少の体の不調は、誰にでもあります。それでも、最後まで何もかも自分で片づけができるのであれば、家の中のあちこちにモノがあっても、問題ないですよね。

でも、それは誰にもわかりません。

シニア世代の方は、「将来、在宅で介護を受けるかもしれない」「お子さんの家族と一緒に住むことになるかもしれない」といったことも頭に入れて、片づけをしてくださいね。

ご自身だけで使うモノは、必要なモノを選び取って、寝室くらいの大きさの部屋に入るだけの量にしていくのが理想です。少しずつでも不必要なモノを減らしていきましょう。

なかなか難しいことですが、**「寝室に入るだけの量」にして1部屋にまとめるというイメージを持って片づけをしておく**と、ヘルパーさんなど、家族以外の人の介護を受けるときにも役に立ちますよ。

09

「気持ち」を片づける

あなたは、お子さんやご親族と、会話する時間を作っていますか？

先日、高齢の親がいる子ども世代への調査を目にしました。約7割が、実家の「片づけ」の必要性を強く感じているそうです。

でも、調査の結果を見ていて、ふと感じたことがあります。子ども世代が片づけたいと思っているのが、家の中の「モノ」だけなのです。本当に「モノ」だけでいいのかな？　と疑問に思います。

仕事で、ご高齢の方と片づけをしていると、みなさんいろいろなお話しをしてくださいます。そうして声に出して誰かに話すことで、「気持ち」の整理（片づけ）ができ、これまでの人生を振り返り、これからの人生をどう生きていくかということを考える機会にもなるのです。

子ども世代にとっても、親御さんのたくさんの情報を得ることができるので、将来、親御さんに介護が必要になったときなどに役立つお話なのです。

それなのに、子ども世代は、親の「モノ」の片づけのことばかり気にして、「気持ち」の片づけはおざなりになっているように見えます。時間がないとか面倒だとか、そんな理由で、会話の時間を省かないでほしいのです。その時間は、とても大切だったと、後悔することになりますよ。

あなたも、お子さんたちに時間をとってもらい、「気持ち」の整理（片づけ）をしてみませんか？ あなたにとっても、子ども世代にとっても、有意義な時間になりますよ。

10

厚着しない、モノを置かない、運動する

冬は、高齢者の転倒事故が多くなります。

あなたはご存知でしたか？　どうして冬に多くなるのでしょう？

寒いと外出や動く機会が減って、筋肉量が落ちます。また、寒さで筋肉が思うように動かなくなります。さらに、着込みすぎて動きが鈍くなってしまうのですね。

お家の中も、危険がいっぱい潜んでいます。冬になると、足が引っ掛かり、転倒しやすくなるものが増えます。毛の長い絨毯・マットやホットカー

ペットのヘリ・暖房器具の電気のコードなどが危険です。
家の中で転ばないようにするには、どうしたら良いでしょう。
いくつか挙げてみますね。

・よく通る場所の床に、モノを置かない。
・家の中を暖めて、温度の管理をして、厚着をしない。
・筋肉をやわらかくして、動かしやすくするために、少しでもいいので運動をする。

また、急に行動しないことも大切です。行動する前は、ひと呼吸おいて、あわてないで落ちついて動くようにしてください。

転倒・骨折は、要介護につながることもあります。転倒予防はしっかりとおこなってくださいね。

第2章

転ばない住まいづくり

転倒しない、自宅で安心して暮らす

11

最後まで自分でトイレに行く方法

ある日のことです。

80代の女性が、わたしのところへ相談にいらっしゃいました。最後まで自分でしたいことがあるけれど、その準備をどうしたらいいか、というものでした。

どんなご相談だと思いますか？

その「最後まで自分でしたいこと」とは、「トイレに自分で行くこと」でした。這ってでもトイレだけは最後まで自分で行きたいと強くおっしゃいます。これは、この女性だけではなく、誰もが願っていることですよね。トイレという空間は、排泄をする場所です。ほかの人とは絶対に一緒に入りたくないものですよね。

では、自分ひとりでトイレに行き続けるためにはどうしたらよいでしょう。**まず、食事や運動など、日ごろの健康管理が大切です。**

それから、トイレに行くときに、転ばないようにするのも大切です。そのためには、**部屋からトイレまでの間に、モノを置かないようにします。**それから、夜トイレに行くときのために、**足元にライトを設置する**のもいいですね。さらに、少しずつ身体が動かなくなることを考えて、**トイレに近い部屋に寝室を移す**ことも考えてみてください。

リフォームしてバリアフリーにすれば移動は楽かもしれないですね。でも、大掛かりな工事になって多額の費用もかかってしまいます。なかなか難しいですよね。

いま、ご自身で歩くことができていますか？

立ち座りにもそれほど問題がないですか？

そうであれば、まずは健康管理と、転倒のリスクを減らす工夫をすること
から、ぜひ始めてみてくださいね。

12 リフォームの優先順位を決める

年を重ねて、あなたの体にも、あちこち変化が出ていませんか？　今までどおり暮らせるかどうか、不安になりますよね。住んでいる家をバリアフリーにしようか……と考えていらっしゃるかもしれません。

古い日本の家屋は、段差が多くて、階段も急ですよね。廊下も間口も狭いし、浴室もタイル貼りで滑りやすいです。住人が高齢になると、不自由なことが多いですよね。

でも、そういった箇所をすべてリフォームするのは大変です。補助金があるとはいえ、高額な費用がかかります。たとえば、浴室だけリフォームするとしても、手すりをつけたり、タイルを滑りにくい素材に変えたり、システムバスに変えたり……。少なく見積もっても、１００万円はかかってしまいます。

先日、ある方からご相談を受けました。親御さんの足元がおぼつかなくなってきたので、実家のリフォームを考えているそうです。古い家の造りだと、ご高齢の方は転倒しやすいですよね。でも、費用面が不安だそうです。庭・浴室・階段・廊下・トイレ・台所・寝室など、転びやすい場所はたくさんありますからね。

そのようなときは、お体の特性・使用頻度・生活動線などを考えて、どこから工事をするか考えるのが良いと思います。予算がたくさんあれば、一度に直せるけれど、なかなかそうはいきません。限られた予算ですので、優先順位を決めてみてくださいね。

13 家具の運搬経路を考えて手すりを設置する

80代ともなれば、足腰に不安を感じますよね。さらに、腕の力・手の力（握力）・視力など、あらゆる部分が弱くなっているのも感じますね。

とはいえ、できるだけ長くご自分で生活を続けたいですよね。

そのために、手すりの設置は考えていらっしゃいますか？　ご存知だと思いますが、手すりは、移動・歩行の手助けや、転倒・転落防止のために、とても有効なものです。

手すりを設置するとき、見落としてしまいがちなことがあります。それは、「運搬経路が確保できているかどうか」です。
あなたが、自分のお部屋から移動する場所を考えてみてください。トイレ・浴室・台所・リビング・玄関……。そこに行くために通る廊下や階段に、手すりを設置する必要があります。一般的な住宅の廊下の幅は、約75～80㎝です。ここに手すりを設置するとき、ほとんどのお宅では、補強用下地板が必要になります。手すりの出幅は約10㎝です。その分、手すりのある部分の、廊下や階段の幅が狭くなります。そのため、手すり設置前には運搬できた大型の家電や家具が、設置後は、通れなくなってしまうことがあるのです。

階段や廊下に手すりを取りつけるときは、事前に、家にある大型家電や家具の大きさも把握してください。設置する前に、必ず業者の方に相談して、手すりの出幅を最小限に抑えるよう、工夫してみてくださいね。

14 チラシなどの紙類を、床に置かない

転倒予防の体づくりも大切ですが、環境づくりも大切です。

あなたは、家の中でケガをしないための対策をとっていますか？

先日、わたしの講座の受講生の方が、家の中で転んでケガをされました。先生のいうことを聞いていれば……と悔やんでいらっしゃいました。

誰もが、家の中で転んでケガをする可能性があります。「自分は転ばないから大丈夫」と過信しないことが大切です。

高齢者の転倒事故の多くは、住みなれた自宅で起きています。

具体的な場所は、居間・寝室・玄関・階段・廊下・浴室・庭などです。もっとも身近な場所に、転倒リスクがあるのです。

家の中を確認して、段差をなくす・床に置いた雑誌や新聞を片づけるなど、少しでも危険を減らしてください。転倒しても大きなケガをしないよう、家の中をよく見てください。

「まさか」というような場所に、危険が潜んでいます。

たとえば、チラシなどの紙類。床に置いてあって、歩いているときに踏んで、滑ってしまったら……。転倒予防の体操を一生懸命頑張っても、床に置いたチラシ一枚が、大ケガにつながって寝たきりになることもあるのですよ。

まずは、床にモノを置かない習慣をつけてくださいね。これは、すぐにでもできますよね。

15

片づけのついでに、情報収集をする

あなたは、認知症の方の行動について、考えたことがありますか？

先日、認知症のあるご家族の介護をしている方と、お話ししました。

認知症を患ったお父さまが、よく地域のゴミ置場に行かれるので、その行動をずっと不思議に思っていたそうです。

でも、ある日、理由がわかったのです。

お父さまの書類を片づけていたときのことです。書類の中から、「ゴミサポーター任命」と書かれた紙が出てきたそうです。お父さまは、「ゴミサポーター」をされていたころの記憶があって、ゴミ置場に、しょっちゅう行かれていたのですね。その方も、「父の不思議な行動の理由がわかった」と、腑に落ちたご様子でした。

このことからわかるように、認知症を患っているからといって、ワケのわからない行動をしているわけではないのです。何らかの理由があるのです。

それを知るには、どうしたらよいでしょう。その方の情報を、できるだけたくさん知っておくことが大切ですよね。

片づけも、その方の情報を集める大切な手段のひとつです。忘れられていたモノたちが、その方の、これまでの人生を教えてくれます。

たかが片づけですが、その方の行動の理由を知ることもできます。もしものときに、きっと役に立ちますよ。

16
便座を立ち座りの楽な高さにする

一日に、何度も使うトイレ。

あなたは、トイレの便座の高さを気にしたことはありますか？

日本人は、平均身長がどんどん高くなっていますよね。それに伴い、トイレの便座の高さも、少しずつ高くなりました。とはいえ、背が高い方は、一般的な便座の高さだと、膝や腰に負担がかかってしまいます。

座ったときに、膝の角度が90度くらいだと、立ち座りがしやすいそうです。膝や腰に痛みなどがある方は、それよりも2・5㎝くらい高くすると、楽だそうです。便座の高さが数センチ違うだけでも、座ったときの感じ方がずいぶん違います。

もし、トイレを新しくするときは、ショールームで、実際のものに座って、ご自分に合った座面の高さを確認してみてくださいね。家でヒールの低いスリッパなどを履いてトイレに入っているのであれば、靴は脱いだ方が、よりわかりやすいですよ。

座面高の目安は、以下のとおりです。参考にしてください。

・身長150～160㎝ ↓ 座面高37.5㎝
・身長160～170㎝ ↓ 座面高40.0㎝
・身長170～180㎝ ↓ 座面高42.5㎝
・身長180㎝～ ↓ 座面高45.0㎝

また、「補高便座」という商品も販売されています。これを使えば、現在使っているトイレの高さを調整できますよ。
便座を立ち座りのしやすい高さにして、膝や腰の負担を軽くしませんか？

17

冬のトイレは暖かくする

「ヒートショック」という言葉。きっと耳にしたことがあると思います。急激な温度差があると、血管が縮んだり緩んだりします。そうすると、血圧が上下してしまいます。そのことが、脳内出血・大動脈解離・心筋梗塞・脳梗塞などを引き起こします。

代表的なのが、冬の入浴のときのヒートショックですよね。これはわりと認知されているので、あなたも気をつけてらっしゃると思います。

でも、あまり気をつけてない方が多いのが、冬の夜中や早朝に行く、トイレです。

冬は、布団の中と寝室とでは、温度差が極端に開いてしまいます。そこから廊下やトイレに行くとなると、さらに室温が下がります。この急激な温度差がヒートショックを引き起こす原因になって危険なのです。**冬、夜中や早朝にトイレに行くときは、上着を羽織る、厚い靴下を履くなどの対策をしてくださいね。**

また、トイレは、北など日当たりの悪い方角にあることが多いので、リビングダイニングなどの最も日当たりの良い部屋と比べると室温が低いのに加え、衣服を着脱するために冷えを感じやすい場所でもあります。暖房器具を入れるなど、温度差に気を付けてくださいね。暖房器具を入れることが難しいときは、トイレの電気をつけっぱなしにしておけば室内の温度をわずかながら上げられます。窓がある場合はカーテンをかけたり、冬用のスリッパにするだけでもずいぶん違いますよ。

もうひとつ、注意点があります。**冷えた便座に座るのも、ヒートショックと同じことが起きる可能性が高いのです。**そこで、洋式トイレの場合は、便座カバーを使いましょう。できれば、暖房便座の導入を考えてみましょう。

18 部屋からトイレに行く経路にモノを置かない

あなたは、トイレに行くときに、転びそうになってヒヤッとしたことはありませんか？

先日、ある方がわたしのところに相談にいらっしゃいました。

1週間ほど前に、ご実家の親御さんが、トイレに行くときに転んでしまい、大腿骨を骨折してしまったそうです。

現在は入院中だけれど、退院してからの生活が、とても不安だとおっしゃってました。また転んだら大変なので、家の中を直したいそうです。でも、

モノを置かないと転倒のリスクも軽減される

何をどうしたら良いのかわからなくて、ご相談に来られたのです。

ご実家は、段差があちこちある、古いお宅だそうです。いつかは何とかしないと……と思いながら、そのままになってしまっていたそうです。その方は、すごく後悔されていました。

高齢になると、身体機能の低下にともなって運動機能も低下して、足の上がりも悪くなってきます。尿意を感じて、すぐに動いても、間に合わなかったことってありませんか？　そんなことがあると、あわててトイレに行くことも多くなりますよね。あわてていると、普段は気をつけている段差につまずいて転んでしまう方も多いのですよ。

家の中で長く過ごす部屋から、トイレまでの通り道は、できるだけ段差をなくして、モノも置かないようにしましょう。寒くなると、トイレに行く回数も増えますよね。寒くなる前に準備しておくと安心ですよ。

たった一度の転倒から、寝たきりになることもあります。本当に、転倒には気をつけてくださいね。

19

室温を18℃以上にする

冬になると、家の中で寒いと感じることはありませんか?

WHO(世界保健機関)が、『住まいと健康に関するガイドライン』で、室温について言及しています。そのなかで、「寒い季節に安全な温度として、18℃以上を提案する」と、強く勧告しています。寒さによる健康被害から、居住者を守るための温度です。

寒い住宅は、血圧上昇・循環器系の疾患を引き起こします。他にも、さまざまな健康リスクがあるのです。

また、『断熱改修等による居住者の健康への影響調査　中間報告（第3回）』によると、就寝前の居間の室温が12℃未満の家は、18℃以上の家と比べると、過活動膀胱症状の人の割合が、1・6倍にもなるそうです。

室温が低いと、夜中にトイレに行く回数も増えますよね。暗い中トイレに行くと、途中で転んでしまうリスクも高くなります。

就寝前の居間の室温は、18℃以上にしてくださいね。また、夜中にトイレに行くときに転ばないように、いろいろ工夫をしてみてください。トイレまでの経路に足元灯をつけるのがオススメです。蓄光テープを貼るのもいいですね。

いま普通に暮らせていると、住環境のことはどうしても後回しになってしまいますよね。でも、早いうちに見直して、健康に及ぼすリスクを減らしてくださいね。

20 廊下に照明を何個か分散して置く

年齢を重ねると、眼にも老化の症状が出てきますよね。加齢による眼の病気で代表的なのは白内障です。モノがかすんで、ハッキリと見えにくくなります。白内障は、老化とともに進行します。そうすると、歩いているとき障害になるモノの大きさを確認することが難しくなります。暗いところでは、段差に気づかなくなります。転んでしまったら大変ですよね。

それならば、照明を付けて、暗い所を明るくすればいいのでは？　と思うでしょう。でも、それにも注意点があります。

それは、照明の位置です。廊下の天井に取り付けてある照明が、進行方向の前方にあれば、足元を明るく照らしてくれます。

でも、後方に照明がある場合は、注意が必要です。天井の照明によってできる影が歩行者の動きとともに移動して、廊下を歩いている間、足元を暗くしてしまうのです。そうすると、影のせいで段差が見えづらくなり、転ぶ確率が高くなります。

自分の影による足元の暗さを解消するには、どうしたらよいでしょう?**たとえば、照明を何個か分散して設置するのです。そうすることで、足元の影が分散され、段差が見えやすくなります。また、足元を照らすフットライト（足元灯）を設置するのもいいですね。**

とくに、廊下の隅やトイレの入り口は、照明を増やすとわかりやすくていいですよ。

21

キャスター付きの家具を通路に置かない

キャスター付きの家具をお持ちの方は多いと思います。移動がラクですよね。上手に使えばとても便利なものです。でも、種類によっては注意する必要があります。

あなたは、キャスター付きのラックは使われていますか？ 移動が簡単なので、お掃除のときなどとても便利ですよね。

でも、ストッパーを解除したまま、よく通る場所や生活の動線上に置くのは、とても危険です。ふらついたり、転びそうになったとき、そこに寄りかかってしまうと、どうなるでしょう？　そのまま転倒してしまいますよね。そう、大きな事故につながるのです。

キャスター付きの椅子は使われていますか？

方向転換や移動に便利ですよね。でも、これにも危険が潜んでいるのです。キャスターがない椅子と比べ動きがスムーズで軽いため、立ち座りのときに椅子が動いてしまうと、身体のバランスを崩して転倒してしまうリスクがあります。

キャスター付きの家具を購入するときは、必ず、ストッパー機能があるものを選んでくださいね。動かさないときはストッパーをかけましょう。そして、通路には絶対に置かないようにしてください。

安全面で不安のない場所で、ストッパーを活用し、有効に使ってくださいね。

22

タンスの引き出しにテープを貼る

昔ながらの、古い木製のタンス。あなたのお宅にもありませんか？

木製のタンスは、もともと引き出し自体が重いですよね。さらに、経年の劣化で歪みがでて、引き出すのに苦労することはありませんか？

高齢者にとって、引いたり押したりといった動作は、力が必要で大変ですよね。肩や腕に、負担がかかります。

低い位置の引き出しは、しゃがむ必要もあり、腰にも負担がかかりますよね。

また、引き出しにくいので力いっぱいに引いたら、そのまま転んでしまったというような、転倒の危険性もあります。

愛着はあるけれど使いづらい、と感じることはありませんか?

できれば、買い替えのときには、軽いプラスチック製や、スライドレールのついたものにするのが良いと思います。

でも、プラスチック製は安っぽいし、長年使われているタンスには、思い入れがありますよね。買い替えを迷う方が、ほとんどだと思います。

そこで、ぜひ使っていただきたいものがあります。

敷居や引戸の滑りを良くするテープです。なるべく厚みのない、薄いものを選んでください。

使い方ですが、まず、いったん引き出しを取り外します。そして、取り外したタンスの段の底の両端に、カットしたテープを貼ります。これで、すーっとラクに引き出せるようになりますよ。

このテープは、１００円ショップでも売っています。ぜひ一度、試してみてくださいね。

取っ手も、つかみやすく握りやすいものにかえると、体の負担もより軽減されますよ。

昔ながらの重い木製の
タンスには「すべりを良くするテープ」を活用しましょう
引き出しの裏
この部分に貼る

23

シルバーカーの出し入れがしやすい玄関にする

人は誰でも、高齢になれば足腰が弱くなります。

お出かけや買い物のとき、シルバーカーを使われていますか？　使われている方は多いと思います。重い荷物も楽に運べて便利ですものね。

今のお家を建てたり購入したとき、将来、シルバーカーや車椅子を使うことを、想定していましたか？　想定して玄関を広くされた方は、たぶん、少ないと思います。

シルバーカーを使うようになると、玄関に、置くスペースが必要です。置くたびに、玄関にある家族の靴を片づけるのは、すごく面倒ですよね。下駄箱の扉を開けるときにも、移動が必要です。リフォームで、玄関を広くできればいいけれど、大掛かりな工事が必要になります。

とりあえず、できることから始めてみましょう。

玄関に置く靴は1人1足にする、なるべく下駄箱に入れるなど、ルールを作って、家族にも協力してもらいましょう。

玄関に靴がないと、転倒の予防にもなります。

また、開くタイプの扉の下駄箱は、思い切って扉を外してみ

狭い玄関は下駄箱をオープン収納にするとシルバーカーを出し入れしやすい

ませんか?

「見える収納」にするのです。

見える収納にすると、下駄箱を開けるためにシルバーカーを移動すること もなくなり、ストレスがなくなります。

いろいろ工夫をして、シルバーカーの出し入れがしやすい玄関を作ってくださいね。

24
家の中の明るさを均一にする

ご存知のとおり、視力はとても大切です。

人間が受け取る情報のうち、80％は目からだそうです。でも、年を重ねると、視力も低下していきます。

段差がわかりづらくなり、つまずきの原因になります。グレア（見えにくさを伴うまぶしさ）により、部屋にいることが不快になることもあります。

どうすればいいでしょう？

衰えた視力をサポートためには、照明をうまく使いましょう。

急に暗い所から明るい所・明るい所から暗い所へ移動したとき、若い人は約10～30秒で見えるようになります。

でも高齢者は、1～2分もかかるそうです。

そのため、家の中の明るさを同じにすることが大切です。廊下やトイレには、センサー付きのライトを付けると良いですよ。

でも、**階段の場合は、均一に明るくないほうがいいのです。**わざと陰影をつけて、段差がわかりやすくなるようにして、つまづいて転倒するのを防ぎましょう。

光が直接目に入らないよう、間接照明を使うのもいいですね。不快なグレアを軽減することができます。

家で過ごす時間が長い高齢者にとって、家の中が、安全で快適であることが大切ですよね。

住まいを整えるのに、照明のことは意外と忘れてしまいがちです。でも、高齢者の目にとって照明は、とても大切なポイントのひとつです。

つまづきからの転倒防止のためにも、ぜひ気にかけるようにしてくださいね。

25

目の老化に備えて、家の中をチェックする

年を重ねるとともに、身体のすべてが老化していきます。

もちろん目も例外ではありません。

無色透明で光をよく通す水晶体は、だんだんと白く濁っていきます。モノが見えにくくなり、光がまぶしく感じられるようになります。

色の見え方にも変化が出てきます。すべてのものが黄色っぽく見えるようになり、青・緑系が黒っぽく見え、黄色は白く見えるようになってきます。

そのため、紺と黒、白と黄色、といったような色の組み合わせは、見分けが

つきにくくなるのです。

加齢によるこのような症状は、急激ではなく、少しずつ進んでいきます。そのため、なかなか気づきにくいのです。

年とともに、見え方への配慮が必要になってきます。いくつか例をあげてみます。

・白く光沢のある家具や壁材は、まぶしく感じるので避ける。
・階段の一番下の段の境目がわかりにくくなるので、色のコントラストをつけて転倒事故を防ぐ。

他にも、家の中で工夫できることを探してみてください。

今はまだ自覚がなくても、徐々に変化が訪れます。これからも家の中で安心安全に過ごすため、少しずつ準備をしてくださいね。

26

目の症状に合わせて、照明を変える

最近、目の調子はいかがですか？
年とともに、次のような変化が、少しずつ出てきますよね。

・視力の低下
・光の明るさに鈍くなる
・明るい場所にいても薄暗く感じる
・多少のまぶしさでも、目を開けられなくなってしまうこの他にも、たくさん症状が出てきます。

高齢者が、明るい部屋から暗い廊下に出たとします。すぐには、まわりがよく見えません。その状態で廊下を歩くと、段差につまずいて転んだり、壁にぶつかってしまうかもしれません。

そのような事故を防ぐには、明るさの変化をなくす配慮が必要です。

たとえば、人感センサー機能の付いた照明を取り付けるのも、ひとつの方法です。

そして、高齢者の代表的な目の病気が、白内障です。加齢によって、水晶体が濁ってしまうことが原因です。

すべてのものが、黄色くくすみ、フィルターがかかったように見えます。

これは、新聞や雑誌の文字が読みづらくなる原因のひとつでもあります。

もし読みづらかったら、読みものをする部屋の照明の光の色を、青みを補う青白い昼光色のものに変えたり、読書灯や手元灯などの補助照明を使うとい

いですよ。

照明を変えて、少しでも目の負担を減らしましょう。

第3章

「自分に必要なモノを選び取る」からはじめる

モノの捨て方、選び方

27

必要のないモノは買わない

片づけをさせていただくと、ほとんどのお家で、あちこちから使ってないモノや同じモノがたくさん出てきます。もうないと思っていた、安かったからなどという理由で、買ったことに満足をして存在を忘れられたまま家の中にあるモノたちです。

「わたしも同じことをしているかも」と思われた人も多いのではないでしょうか。こんなことを繰り返すと、家の中がモノであふれていくだけでなく、無駄にお金を使っていることにもなりますよね？

そうならないために、これはココにと収納する定位置を決める、備蓄する洗剤などは1種類につき2個までなどと数を決めると、自分が持っているモノが把握できて、必要のないモノを買わずにすみますよ。

また、仕事をしていくなかで、これとは違った理由もあることに気がつきました。

あるひとり暮らしをされているお客様の庭や家の中には、花の苗が入ったポットがたくさんあったのです。そのほとんどは植え替えるでもなく枯れたまま放置されていました。それでも、伺うたびに新しい苗が増えていくので、どうしてなのだろう？　と不思議でしたが、その人とお話ししているうちに、花の苗が欲しいのではなく、愛想よく話しかけてくれる店員さんと他愛もないお喋りをすることが目的だということがわかったのです。

そういえば、わたしが幼いころ、母に連れられて行った市場や商店街では、お店の人と話したり、ご近所さんに出会って井戸端会議が始まったりと、買い物をするだけでも人とのコミュニケーションがとれていました。でも今は、市場や商店街は次々に姿を消してしまい、スーパーに行っても、セルフレジで精算することも多くなって、ひと言も話さなくても買い物をすることができます。

それに、ネット販売だと、出向くことも、人と顔をあわすこともなく、買い物ができる便利な時代になりました。けれど、便利になったぶん、人とのコミュニケーションをとれる機会も減って、なんだか寂しいですよね。

特に現役のころは仕事に一生懸命だったので、ご近所とのお付き合いもあまりない、親しかった友だちも少なくなってしまったというような人は、誰とも会話をしない日も増えて、孤独を感じているのではないでしょうか。

高齢の人にとって、人と交流して会話をすることは大切です。

地域のコミュニティカフェなどに参加して、人と会話するのも、寂しさを不必要なモノに変えないひとつの方法です。

みなさんとお話しすれば寂しさもまぎれます。
悪循環をたちきり、家の中にあふれているモノを一度見直してみませんか。

28

布で隠した場所を整理する

わたしが、ひそかに「なかったことゾーン」と呼んでいるこの場所、とてもよく目にする光景なのですが、どんな所なのかわかりますか？

その答えは、布で覆われた場所のことです。

あるお宅を例にあげます。あるとき、急にお客様がいらっしゃることになりました。片づける時間もなく、大あわてで部屋に散らかっているモノを集めたそうです。それを布で覆って隠して、とりあえずひと安心。でも、お客様が帰った後も、ずっとそのままになっているそうです。このように、布で目隠しされた場所のあるお宅は、意外と多いものです。それが本当に一時しのぎなら良いのです。でも、多くの場合、それが日常の光景となり、「なかったこと」として、ずっとそのままになってしまっているのです。

あなたの家にもありませんか？
「なかったことゾーン」

それらの布で覆ったモノは、そのままにしておいても、何も問題ないことがほとんどです。ということは、布の中は、普段使うことがまったくないモノということですよね。そう、なくても大丈夫なモノたちなのです。

あなたのお部屋に、布で覆われた場所はありませんか？　床に置いてあるものを布で隠していませんか？　きれいな布のマヤカシに騙されてはいけません。そ

こを片づけるだけで、部屋がとても広く見えるようになりますよ。

モノを布で隠していても、何の解決にもなりません。

人は見えないものや普段使わないものは忘れてしまいます。

布で目隠しをしている状態が、〝日常〟になる前に、布の中のモノは、必要のないモノと自覚して、処分されることをおススメします。

布で覆われた場所を 片づけましょう
いったい何を隠したんだっけ？

29

使わない定期購入は解約する

あなたのお家に、未開封の通販のダンボールはありませんか?

あるお宅にお邪魔したときのことです。家の中に、未開封のままになっているダンボール箱がたくさん積んでありました。箱の中身は、どれも通販の健康食品です。

ダイレクトメールやテレビショッピング、新聞広告など、あらゆるところで健康食品が売られていますよね。年を重ねると、健康面での不安から、誰でも健康食品に興味が出てくると思います。

その方も、「初回半額」の謳い文句に惹かれて、一度試してみるつもりで注文したそうです。そうしたら、毎月届くようになってしまったそうです。

健康食品は、ネットや電話で手軽に買えるけれど、定期購入が条件となっていることがほとんどなのです。初回分を大幅に値引きして、ハードルを下げ、買いやすくしているのです。

解約や返品ができず、未開封のままの健康食品をためこんでいる高齢の方はたくさんいらっしゃいます。

使用しないものに、商品代や送料を支払い続けているのです。必要のないものはすぐに解約しましょう。

買うときは電話一本で簡単でも、解約するのはいろいろと手続きが必要な場合もあります。ご自身では難しい場合は、ご家族に解約の手続きをとってもらいましょう。

「今なら！」なんていわれると、申し込んでしまう気持ちもわかります。

でも、通信販売には、一定期間内に無条件で解約できるクーリングオフの制度がありません。なので、申し込みをする前に、購入条件や返品条件などの慎重な確認が必要です。

徹底しておこなってくださいね。

お試しだけのつもりだったのに毎月送られてきて飲みきれない…こんなにたまっちゃった
どーん
飲んでいない健康食品はすぐ止めてもらいましょう！

30

部屋の中の色の数は少なくする

あなたのお部屋の中を、見回してみてください。

色の数は何色ありますか？　家具・小物・カレンダー・電化製品・ティッシュの箱・ゴミ箱・鉛筆立てなど、数えてみると、たくさんの色がありますよね。色の数が多いと、部屋の中がごちゃごちゃと雑多に見えませんか？

さらに、どこに何があるのかもわかりにくいですよね。

そこで、部屋の中をすっきりと見せるための、色の使い方をお教えします。

お部屋のカラーコーディネートの配色には「黄金比」という比率があるの

をご存知ですか？　この黄金比で配色をすれば、バランスのとれたお部屋に見せる効果があるといわれています。その比率は、壁・床・天井などのお部屋の大部分を占める色であるベースカラーは70％、カーテン・ラグ・家具などの2番目に面積が広い色であるメインカラーは25％、クッション・小物などの占める割合が最も小さな色であるアクセントカラーは5％です。取り入れる色の数は3色、多くて4色くらいが最もバランスが良いといわれていま す。ちなみに同系色は1色と考えてくださいね。

雑多になりがちな小物類は、整理してまとめて箱やかごに収納すれば、色数を一気に抑えられます。

色の数を抑えれば、モノを探すのも楽になります。色を少なくして、さらに、色を活用するこの方法をぜひ試してみてくださいね。

31

「病院セット」を用意する

あなたは、病院に行くときに保険証（マイナンバーカード）を忘れたことはありませんか？

先日、病院へ行ったときのお話をします。

受付で、わたしの前に並んでいた方がいらっしゃいました。カバンの中に手を入れ、ごそごそ。焦って何かを探している様子でした。保険証をお忘れになったようです。カバンに入れて出かけたと思っていたのに、実際は家に忘れていた……。そのような経験をされたことはありませんか？　焦りますよね。そうならないようにするには、どうしたらよいでしょう。

わたしのオススメは、「●●セット」を用意することです。

たとえば、目的地が病院の場合、「病院セット」になります。セットの中身は、保険証（マイナンバーカード）・診察券・お薬手帳・診察代やお薬代など、通院に必要なものです。

それらを、中身が見えて確認しやすい半透明のポーチなどに入れておきます。これを、いつも目につくところや玄関の棚など、わかりやすい場所に置いてみてください。

これで、保険証を忘れることはなくなりますよ。

できれば、通院に使うバッグも決めて、その中に入れておけば、手間なく、さっと出かけられますよ。

この方法は、行き先によっていろいろと応用がきくんです。

よく忘れ物をしてしまうという方は、ぜひ試してみてくださいね。忘れ物をすると、焦ったり、ものごとに集中できなくなったり、精神面にもよくありませんね。

もうひとつ、忘れ物をしなくなる方法があります。

それは、ひと目で、どこに何があるかわかるようにしておくことです。

それには、家の中の片づけが必要ですね。

玄関の棚やいつも居る部屋（リビングなど）の出入口付近がよいです。

32

モノの定位置を決める

みなさんは、戦後まもないころの、モノのない時代を過ごした、モノを大切にされる世代の方たちですよね。

生きている以上、誰にでも訪れる正常な現象である「老化」。現在の医学では、老化によってさまざまな機能が低下することは避けられません。

まず、掃除や片づけが大変になります。モノを捨てられず、やがて、足の踏み場もなくなり、その結果、転倒などの原因になることも少なくありません。

また、認知症の予兆のひとつには、家の中を片づけたい気持ちはあっても、その段取りが思い出せない、片づけようと思っていたこと自体を忘れてしまう、といったようなこともあります。どんなに若いころにキレイ好き、掃除好きだった方もです。

認知症を発症された方からは、「一日中、モノ探しをしている」なんて話もよく聞きます。そんなとき、いつも思うのが、「少しでも元気なうちに部屋の中のモノの定位置を決めておられたら……。一目でわかる工夫をされていたら……」ということ。そうしたら少しは違っていたかもしれません。

少しでも元気なうちから今後の「もしも」ということも頭において、モノを収納する定位置を決める。できればラベルに書いて貼って、「ここにこれがありますよ！」と誰が見ても一目でわかるようにしましょう！

そうすることで、持っているのにまた買うというようなむだ使いも少なくなって、お財布にも優しくなりますよ。

33

モノの収納や配置を整え直す

いきいきとアクティブに活動されているシニア世代の方々は、まだまだ「老い」というのは他人事と考えている人も多いのではないでしょうか。

以前、ある認知症当事者の方が、「認知症になっても困らないための準備」というのを話されているのを聞いたことがあります。その話には、「今の暮らし、これからの暮らしに不必要なものは処分する」「重要な書類はまとめておく」「本当に大切なモノ、好きなモノを選び取る」「よく使うモノは使う場所にまとめておく」など、わたしがいつもセミナーでお話ししているのと同じような内容がたくさんありました。

「老い」というものは誰にでもやってくるものですが、「あれ？」と思うことがあっても、あまり認めたくはないものですよね。

けれど、住みなれた家で自立した生活を少しでも長く続けるには、運動や食事の他に、家を整え直すことも大切だと思うのです。住みはじめた云十年前のままのモノの配置では、年を重ねるにつれて出し入れのたびにストレスを感じてはいませんか？　それを億劫に感じていませんか？　平均寿命と健康寿命の差の、何かしらの介護が必要になるといわれている約10年に困らないための準備はしていますか？


パッとひと目で誰が見てもわかる、作業動線を短くするモノの収納や配置、段差をなくす等の転倒予防を施すなど、住まいを整え直して、ご自身だけでなく、「みんなにやさしい」環境にすることが、住みなれた我が家で少しでも長く過ごす秘訣では？（と私は思っています）

34

家を離れるときに備え、選び取っておく

住みなれた我が家で、健康な状態で暮らすのが理想ではありますが、人は確実に年齢を重ね、いろんな変化が出てきます。

健康寿命と平均寿命には、約10年の差があります。この10年間は、何かしら支援や介護を受けて暮らす時期といわれています。

自立した生活が難しくなり、施設に入ったり家族と同居したり、ご自宅から離れる方も少なくありません。

何かのきっかけで、急に転居しなければならないことも多いでしょう。そ

うなると、時間がないため、自分でモノの仕分けをすることもできず、持っているモノのほとんどを処分しなければいけなくなります。

親の代わりに子供がしてくれたとしても、親世代と子ども世代では、モノへの価値観が違いますよね。

子にとってはゴミと思える品物でも、親にとってはとても大切なモノだったりします。

大切なモノがゴミになってしまうのは、悲しいし、つらいですよね。

大切なモノだけでも、少しでもお元気なうちに量を決めて、選び取っておかれることをおススメします。

35 ワンルームマンション生活をイメージする

あなたは、自分が亡くなったあとの、ご自分の家のことを考えたことがありますか？　人は誰でも、いつかは死にますよね。死ぬこと以外にも、急に入院することもあるでしょう。ひとりでは生活できなくなり、施設に入ることもあるかもしれません。あなたがいなくなった後、家を片づける人たちのことを考えると、今のうちから家にあるモノを減らした方がいいということは、みなさん、きっとおわかりのはず。でも、どれくらいモノを減らしたらいいのか、わからないですよね。

たとえば、高齢者向け施設に入ることを想像してみてください。そういう施設の個室は、最低限必要な広さが決められています。サービス付き高齢者向け住宅の場合は、キッチン・浴室・トイレなどの水回りの設備を入れて、25平方メートル（約16畳）以上です。介護型のお部屋の場合、リビング・キッチン・浴室などは共用スペースにあることが多いです。そのため、個室の広さは、18平方メートル（約11・5畳）以上になります。そこに、介護用ベッドを置いて、通路も必要です。あなたの荷物を置くスペースは、とても少ないことがわかりますよね。お金をたくさん用意すれば、広いお部屋に入居することもできますが、一般的に、学生さんがよく住んでいる、ワンルームマンションくらいの広さのお部屋で暮らす人が多いです。

ワンルームマンションでの生活をイメージしてみてください。なんとなく想像がつきませんか？　身体が自由に動くうちに、少しでも多くのモノを減らしていきましょう。

ワンルームマンションに入る量を目安に
モノを減らしましょう

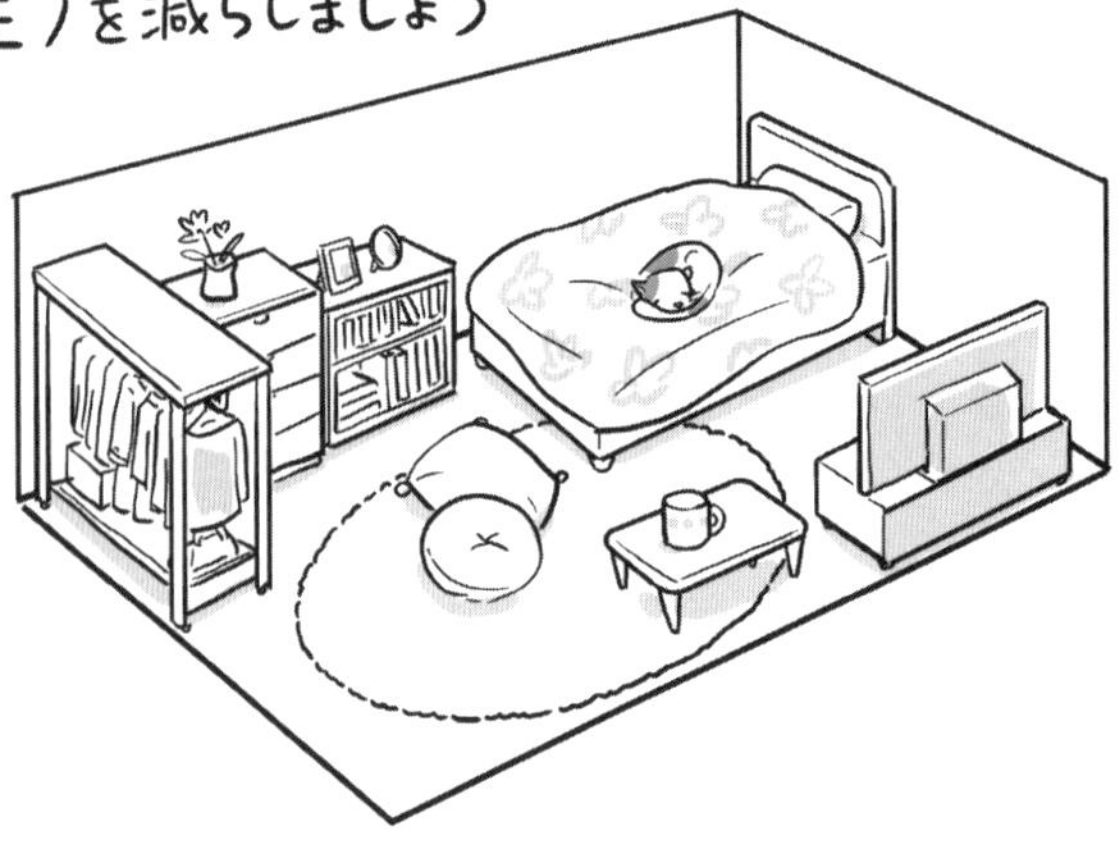

第4章

住まいを子供に片づけてもらうとき

片づけの前に家族に伝えること

36

思い出を心に取り入れてから、処分する

「実家は、要らないモノであふれている」

子世代の方々からよくお聞きする言葉です。実際、そうかもしれません。

でも、その「要らないモノ」には、大切なものが紛れています。それは、

「捨てられない記憶（思い出）」です。

新婚旅行で着た服・自分が一番輝いていたころに履いていたハイヒール・

ご主人が最後まで使っていた自作の湯飲み・子供が幼いころ、肌身離さず持

っていたブランケット・初任給で買った鞄・戦争中に着ていた軍服・お嫁に

来るときに持ってきたナガモチ・子供が幼稚園時代のキャラクターが描いてあるアルミのお弁当箱・大切な人からプレゼントにもらった色褪せたハンカチ・初めて買った口紅……。

他人からは、ただのゴミに見えるかもしれません。でも、それらを見ると、親世代は、そのころの記憶がパッと蘇って、幸せな気持ちになるのです。要らないモノであふれていると思っていた実家。でも、家族にとって捨てられない記憶や、親と子のこれまでの歴史が、モノに刻み込まれています。

モノに染みついている、親世代の捨てられない記憶。それらを、子世代が、自分たちの心の中に取り入れてから、処分してみてはいかがでしょう？親の人生を知って、共有するのです。

そうすれば、子世代が価値観の違う親世代の気持ちに、寄りそうことができますよ。

37

片づけのとき、心を動かすようにする

家の中を片づけるよう、お子さんから強くいわれたことはありませんか？

「片づけないと！」「なんで、こんなにモノがあるの！」「要らないものは捨てないと！」

子世代の方は、親御さんのために、良かれと思っていっているのです。

もちろん、親御さんも、片づけた方がいいことは、よくわかっています。

でも、加齢によって体力や気力が落ちているところに、ガミガミといわれたら、どうでしょう？　叱られているようで、心が閉ざされていって、「この

ままでいい！」なんて、頑なになってしまいますよね。

子世代の価値観を、親世代に押し付けられるのは、つらいですよね。そう。心が動かないと、体も頭も動かないのです。

これは、親世代だけでなく、子世代にもいえることです。

たとえば、お気に入りの洋服を買ったら、それを着てどこかに出かけたくなったりしませんか？　クッションカバーを変えたら、カーペットやカーテンも変えてみたくなりますよね。

これって、心がときめいたり、ワクワクしたりするからじゃないでしょうか。

ぜひご一緒に、モノについての思い出を、お話ししてみてください。

親世代の心が動けば、身体も動いて、片づけがはかどりますよ。

38 持っていてほしいモノ・処分してもいいモノを話す

子が親にしてほしい終活のNo.1をご存知ですか?

それは、モノの片づけなのだそうです。

たかが片づけ、されど片づけ。

時間と労力を、ものすごくたくさん使います。大量のモノを処分するとなると、金銭的にも負担がかかります。

家の片づけを何もしないまま、親が亡くなってしまうパターンも多くあります。親の遺したモノを子が処分するのは、スパッと捨てられないモノもたくさんあって、精神的にも負担があるものです。

仕事で忙しい子ども世代が、実家の片づけのために、たくさんの時間とお金と労力を使うことは、「子どもに迷惑をかけたくない」と思っていた親が、最後の最後に大迷惑をかけてしまうことになりませんか？　そんなの心苦しいですよね。

そのような事態を避けるためには、どうしたらいいでしょう？

今のうちに、自分が旅立ったあと、子に持っていて欲しいモノ・処分してもいいモノを、明確にしておきましょう。

そしてそれを、お子さんに伝えておいてくださいね。メモに書いておくのもいいですね。

片づけは億劫ですし、処分したくないモノや、お子さんに使ってほしいモノもたくさんあると思います。

でも、全部を残してすべてを子が持っていることは不可能なので、残すモノの量も決めておきましょう。
気持ちを切り替えて、家の中のモノをどうするか、ぜひ考えはじめてください
さいね。

39 片づけてもらう前に、暮らし方を伝える

あなたも、若いころのようには動けなくなったとお感じなのではないでしょうか。お家の中の片づけも、自分で思うようにできなくなりますよね。

実家の片づけ、生前整理など、高齢者の家の片づけに関する情報が、世の中にあふれています。それに伴い、お子さんが、親御さんの家の中の片づけをされるパターンも増えています。それは、とても良いことだと思います。

でも、慣れ親しんだ自分の家なのに、お子さんが片づけをしてくれた後、不便を感じている方も多いそうです。これまでとまったく違う場所にモノが

収納されてしまい、探し物が見つからないから新たに購入してモノが増える、あちこち探しまわって結局散らかる……といった悪循環が生じると、それがストレスになります。

なぜ良かれと思ってしたことが、そんなことになってしまうのでしょう。それは子が、親が家の中でどんな風に暮らしているかを知らないからだと思います。

あなたにも、暮らしの中のルーティンがありますよね。

それを無視してしまっては、家の中がきれいになったとしても、これまでのように心地よい、ほっと落ち着ける我が家ではなくなってしまいます。

お子さんに片づけをしてもらうときは、その部分を、きちんと話し合ってくださいね。

40

子は、自分の価値観や理想を押し付けない

お子さんが実家の片づけをしてくれるのは、ありがたいことですよね。でも、親の家の中を、子の価値観で片づけて、親は心地よく過ごせるものでしょうか？

テレビや雑誌でみる、きれいに整った部屋を参考に、子の理想で片づけをしたとします。しゃがむのがつらいのに、下の方にきれいに整えて収納したら、どうなるでしょう。そこにあるものを出し入れするのに、親は心身に負担がかかり不便になるだけです。

転倒のリスクを考えると、家の中にモノがあふれている状態より、少しでもモノを減らすことは大切です。

でも、高齢者の家が散らかるのには、理由があります。

身体の機能の低下から、今までできていたことがテンポよくできなくなっているのです。生活機能の低下や、意欲が薄れていくこともあると思います。価値観や、これまでの習慣もありますよね。

でも、子世代は、そこに気が付かず、自分が良いと思うから親にとっても良いと独りよがりに思ってしまいがちです。

でも、その実家に住んでいるのは親御さんです。自尊心を尊重しつつ、心身の状態を注意深く観察して、親の今の状態を知った上で、片づけをするのが理想です。

子世代は、親が住みなれた家で心地よく安全に暮らせるよう充分配慮して片づけをすることが大切です。

41 片づけをするときに、自分の習慣を伝える

わたしの知り合いの方のお話です。

お子さんが、家の片づけをしてくれたそうです。家の中が、とてもスッキリしたとのこと。でも、不便を感じるようになってしまった、と困っているご様子でした。

じつはこれ、よくあるケースなのです。

お子さんが実家の片づけをするとき、まず、片づけができていないと親を責めます。そして、お子さんだけで片づけてしまわれるのです。

その結果、モノの配置や置き場所に、問題が出てきます。親御さんの今までの習慣が、配慮されていないのです。親御さんは、自分の家なのに違う家に住んでいるような感覚に陥ります。何をするにも、これまでとは違う動線で動くことになります。また、必要なモノがどこにあるのかわからなくなり、混乱してしまいます。

人は、新しい行動が習慣になるまで、最低でも3週間かかるといわれています。さらに、ご高齢だと、そこで生活してきた時間が長いですよね。そのため、慣れるまでにより多くの時間が必要になります。

子世代の価値観だけで、片づけないことが大切です。時間はかかりますが、ご自分の、家の中での習慣をきちんと伝えて、確認しながら作業をしてもらってくださいね。

そこで生活されるのは、お子さんではなく、ご自身なのですから。

42

片づけは、焦らず、同意を得ながら進める

親世代が、子供のころに欲しくても買えなかったモノが、今では簡単に買えるようになりました。

通販で、自宅にいながら買い物もできます。百円ショップでは、便利なものが安く手に入ります。

でも、家の中にモノを入れるのは簡単になったけれど、家から出すことは、すごく難しいと思いませんか。本人がもったいなくて捨てられない、ということもあります。また、ゴミの分別のルールが細かくて方法がわからな

い、回収日も限られているのでタイミングが合わない、体力的にゴミ集積所まで持っていくことができないなどの理由もあります。

その結果、家にモノが増え続け、片づかなくなってしまうのです。

忙しい子世代は、不要なものはドンドン処分して、なるべく時間をかけずに効率的にやってしまいたいと、片づけをガンガン進めてしまいがちです。

子世代のモノの価値観を親に押しつけてしまうと、親世代は、「自分のモノなのに子に勝手に捨てられるのは御免だ」「自分でするから放っておいて」という警戒心が大きくなってしまい、モノと向き合うのが余計に難しくなってしまいます。

何ごとも、急がば回れです。

あきらかに使っていない不要なのに捨てられないモノは、いったん、箱などにしまって違う場所に置いて、その中身を定期的に見直し、親御さんに必要のないモノと認識してもらうなど、片づけは、親の自尊心を傷つけないよ

う納得や同意を得ながら、焦らず、ゆっくり時間をかけて、進めることが大切です。

43

気持ちに寄りそいサポートする

あなたは、「サポートする」という言葉を聞いて、どんなことを想像しますか？

先日、とある団体が主催する、たけのこ掘りのイベントに参加しました。

わたしは、たけのこ掘りが初めてだったので、土の中のたけのこを探すだけでもひと苦労です。

そんなわたしに、団体のご高齢の方たちは、たけのこの埋まっている場所に目印をつけて、そこをわたしに掘らせてくださったのです。

これは、わたしが苦手でできないことは自尊心を傷つけないようにさり気なく手伝い、でも「自分でたけのこを掘った」という喜びや満足感は残してくださったということなのです。

まさに、わたしが日ごろから心がけている「サポート」のあり方です。

さすが、長い人生を歩んで来られた、人生の大先輩です。

こういうことが、サラッと自然にできるのですから、素敵ですよね。

相手のことを思ってのことでも、苦手そうだから、時間がかかっているから、危ないからと、できることまで先回りして何もかもされてしまっては、「あなたはもう必要ないですよ」、「何もしなくてもいいですよ」といわれているようで、虚しさを感じてしまいますよね。

だからといって、何もしないで、ほったらかしがいいということではなくて、相手をよく理解して気持ちに寄りそいながら、適度にその人のやる気や活力を上げられるような手助けをすることが、「サポートする」ということ

ではないでしょうか。

44

記憶を共有しながら、仕分けをする

あなたは、思い出の詰まったお洋服を、捨てられずにいませんか？

先日、お洋服の仕分け作業のご依頼がありました。

事前に大まかに仕分けいただいたお洋服を、ひとつひとつ確認しながら、細かく仕分けていきます。親御さんとお子さんとご一緒に作業をしました。

お洋服を広げて親御さんに見せると、家族の歴史物語が始まります。

どんな思いで嫁いだか、一生懸命だった子育てや親戚との付き合い、子を思う気持ち、などなど……。

お子さんが知らなかった家族の歴史が、お子さんの記憶の中へ。

そうして、親子で共有することで、処分してもいいと思えるモノが増えていきます。

どうしても捨てられない記憶のあるモノは、量を決めて「思い出のモノ」として箱などに入れて別の場所に保管します。処分するか迷うモノは「迷い箱」を作ってその中に入れ「思い出のモノ」と同様に別の場所に保管し、定期的に中身を確認します。

こんなふうにして、仕分けをして、最後に、必要なモノを出し入れしやすい場所に収納します。

六帖の部屋いっぱいにあったお洋服が、今とこれからの暮らしに必要なモノだけになり、お部屋がスッキリしました。

お子さんと思い出を共有しながら、片づけをしてみませんか？　空間も、気持ちもスッキリしますよ。

第5章 あしたが楽しみになる片づけ

100歳まで楽しく自宅で暮らす

45

寒暖差疲労に注意する

毎日の体調はいかがでしょうか。とくに季節の変わり目に体調を崩すことが多いようですが、気をつけていらっしゃいますか。

気温変化が大きくなる時期は、あなたも知らないうちに「寒暖差疲労」を抱えているかもしれません。

寒暖差から自律神経が乱れることで不調になることを「寒暖差疲労」といいます。寒暖差が大きくなりがちな季節の変わり目や、暖かい部屋から温度の低い場所へ移動する場合などは寒暖差疲労に注意が必要です。

症状としては、主に冷え性、肩こり、首こり、頭痛、めまい、倦怠感などがあげられます。

寒暖差は、最低気温と最高気温の差、前日との気温差、室内外の気温差の3つがあります。コロナ禍で換気の機会も増えたため、とくに「室内外の気温差」が大きいようです。

外気との差が大きいほど、寒暖差疲労は出やすくなります。換気の際には部分開放して体を慣らす、暖房使用中に換気をする場合は上着を1枚着る、入浴をして体を温める、「耳たぶストレッチ」で自律神経を整える、など室内外の気温差をおさえる対策をしてください。

日ごろから対策をして、寒暖差疲労をため込まないように。また、気温差ではありませんが、スマートフォンの長時間使用は、寒暖差疲労の要因のひとつともいわれています。こちらにも気をつけてくださいね。

46

浴室・洗面所の掃除と収納を工夫する

浴室や洗面所に気がついたらヌメリやカビが繁殖して、「あら大変」ということはありませんか。

浴室は、カビの成長に欠かせない温度・湿度・栄養が揃っていることをほとんどの方がご存知だと思います。ですから、浴室をしっかり洗う方は多いと思います。しかし、洗面所は意外と見落としてしまいがち。洗面所も、歯磨きや手洗いなどで水を頻繁に使ったり、洗濯機を置いていたり、浴室と隣接していることもあり、湿度が高くなりやすいのです。また皮脂汚れなどがカビの栄養源となり、カビの温床になりやすい場所でもあるのですよ。

そんなカビを発生させないためには、湿気をとり、乾燥させておくことが重要です。

一番効果的なのは「換気」です。窓をしっかり閉め、換気扇を回してよく乾燥させるのがベスト。その際、洗面所の湿度を上げないように浴室のドアはきちんと閉めておこなうことも大切です。

それから、こまめに掃除をしてカビの餌やヌメリの元となるものを取り除くこともちろん大切ですが、浴室や洗面所の床や洗面台などにモノを置かないことも対策のひとつになります。

壁につるすなど床から浮かす収納をすることで、水切りができたり、モノを避けて掃除をする手間が省けるので、グンと毎日のお手入れが楽になりますよ。

47

もしものときの「備え」をしておく

「最後のときまで、住みなれた我が家で過ごしたい」

誰しもが思うでしょう。60代、70代、80代と年齢を重ねるごとにそう思うようになります。あなたも、もちろんそのように願っておられると思います。

しかし、もしものことは突然にやってきます。

実際のところ、病気、ケガなど予想外のことが起こり、突然に自分の家に住めなくなる、そんなことがあるかもしれません。

そうなると、あなたのご家族、または業者などに依頼して整理、処分をしてもらうことになります。

しかし、多くの人はどこに何をしまってあるのかを把握していないのではないでしょうか。

通帳や印鑑、書類、身内の連絡先などなど……大切なモノがないと、次に住む場所もスムーズに決められないものです。

また、普段あなたご自身が大切にしていたモノや、お気に入りの洋服、思い出の写真なども、何が大切で何を捨ててよいかがまわりの人たちにはわからず、結果、すべて処分、なんてことになってしまいます。あなた自身寂しく思うでしょうし、まわりの人たちにも迷惑をかけてしまいます。

大切なことは「備え」です。

住みなれた我が家で、少しでも長く自立した生活ができるように、健康に気をつけて病気やケガにならないよう「予防」をするとともに、自分の持ち物を片づける、介護にかけられるお金の見通しを立てる、資産整理をして家族と情報の共有をする、また自分がどんな介護を希望するかなどを、事前にご家族とよく話しあっておくことが大事です。

48

自分が一番優先したいことを決める

あなたの〝終の棲家〟はどこでしょうか。

最後はどんなところに住みたいですか。

ある相談者Aさん。〝終の棲家〟へと最後の引越しをしました。

引越し後、すぐに片づけに伺ったら、心配そうに「自分が何より楽しみにしていることがどうしてもできないので、受付に行って聞いてきてくれないか？」というのです。

そこで、施設にたずねたところ、Aさんのご希望は、検討中ではあるけれども、現時点では、叶えられないとのことでした。

これから始まる新生活に、ワクワクしていたというのに、がっかりしてしまったAさん。わたしも残念な気持ちになりました。

これまでの暮らしの中では当たり前にできたことができないとなると、みなさんも悲しくなりますよね。

でも、このようなことは、自由度の高い高齢者施設であってもありうることなのです。

その人のもっとも優先したいことやモノって、なかなか自分以外の人にはわからないものなのです。なので、楽しく暮らすために、自分が一番優先したいことを決めておく。そして、それをしっかりまわりに伝えておきましょう。


ご家族にも、自分の希望する住まいのことをたっぷり話してみましょう。

おだやかに過ごせる〝終の棲家〟は自分らしく見つけたいものです

49 自分の時間を持つ

最後まで自宅で暮らしたい、あなたはそう願っていますよね。

でも、もしあなたが施設に入るときがきたら……。

介護施設にはいろいろな人がいます。

住みなれた自分の家ではないので、本来自分がやりたいこととは違うことをしなければならないこともあります。そのため、ストレスがたまる人もいるのではないでしょうか。

たとえば、足の不自由な人がトイレに立つ際、席に戻ってきたときに椅子を引く作業が大変なので、少しお行儀が悪いかもしれませんが立ちあがった状態のままで行くと、それを後から椅子を机の下にしまう人がいる。もちろん椅子を戻してあげようという善意からなのだと思いますが。

介護施設に来てから、ずっと「帰りたい」と言い続ける人がいます。自分も「帰りたい」のにその人に話しかけられると、毎回、同じことをいわないといけない。やりたくもない体操や歌を歌わなくちゃいけない。グループができていて、中に入れず孤独……悩みは人それぞれ。

そんなストレスがあっても、「わがままをいってはいけない」とご自分の気持ちをグッとこらえている人も多いのだそうです。

けれど、介護する人が自分の時間が必要なように、介護を受ける人にも自分の時間を持つことは必要。**まったく同じとはいきませんが、住みなれた自宅と同じような空間を施設のお部屋の中に作ると、ホッと心が休まる自分だけの時間を持てるかもしれませんよ。**

50

介護してくれる人を気遣う

あなたのまわりの人たちの気持ちに思いを寄せてみてください。

今、家族を介護している人はどんな気持ちで日々を過ごしているのでしょうか。

24時間、気を休めることができない介護に疲れ、家族に優しくしないといけないと思ってもできない、上手に介護ができないと自分を責めてしまう人。

家族のためを思って自分が下した判断がはたして正しかったのか？　と悩んでいる人……。

結果、どんどん自分で自分を追い込んでしまう。そんな人も多いのではないでしょうか。

離れたところで介護を見ている家族は、近くで介護をする人に100%を求めているようにも取れるし、どんなに自分を犠牲にして介護をしてもとくに褒められるわけでもなく、当たりまえのことのように感謝の言葉もない。良かれと思ってしたことが、反感をかって受け入れてもらえない。それでも、自分のキャパを超えて頑張ろうとするので、気持ちに余裕がなくなってしまう。

もちろん、その家ごとに環境も、介護の度合いも違います。

介護する人の気持ちが軽減できて、気持ちに余裕が持てるように、何かしらのサポートをしてくれる人がひとりでもまわりにいれば違ってくるのではないでしょうか。**遠くから介護を見ている家族の人たちは、一番近くで介護をしている家族に、たまには「ありがとう」のひと言をいってあげませんか。**

51

安全で安心な住まいを整える

年をとっても人の助けを必要とせず、自立してはつらつと日々を過ごしたいですよね。

日本人の平均寿命と日常生活が制限されない健康寿命との差の、約10年は何かしら介護を必要とする人が増える期間でもあります。その期間をできるだけ短くし、高齢者が自立した生活を長く続けられるには、モノを減らすだけではなく、高齢者が安全で快適に暮らしていくための家の中の環境整備も必要です。

「整理収納」というと、必要なモノとそうでないモノを分けて家の中をすっきりさせることをイメージするのではないでしょうか。**しかし、高齢者における「整理収納」は、自立支援や介護予防につながることを目的としています。**将来の衰えの進行を予測してモノを使いやすい位置に配置すること、また全部しまってしまうのではなく、どこに何があるかを見つけやすくするためにあえてオープン収納にするといったような整理収納の方法です。

家の中の何が高齢者の生活を脅かす存在となるか、何が高齢者を転倒させ寝たきり状態にさせてしまう危険な存在となるか。それは長年同じ家に住み続けていると気づきにくいですし、そもそも体の衰えを想定してモノを配置している人は少ないですよね。

住まいを整えることで、高齢者の方の自立を支えていけると良いですね。

52

外に出る機会を作る

あなたはQOLをご存知でしょうか。

QOLとは、Quality of Life（＝クオリティ オブ ライフ）、生活の質をいいます。ひとりひとりの人生の内容の質や社会的にみた生活の質のことを指し、つまりある人がどれだけ人間らしい生活や自分らしい生活を送り、人生に幸福を見出しているか、ということを尺度としてとらえる概念を指します。

高齢になるにつれて、病気などで健康状態が悪化したり、運動能力が低下することで「動くことが億劫」と感じたり、長年働いた職場から離れたり、愛する家族との悲しい別れなど、精神面に影響を与えるシーンが増えますよね。そのことで物ごとを悲観的に考えてしまうことも少なくありません。

結果、QOLが低下してしまいます。

では、QOLを高めて、自分らしく毎日をイキイキと楽しく暮らすには、どうしたらよいのでしょう。

そうですね、まずは、外に出て、人とコミュニケーションをとるようにしてみませんか。男性はいままで会社以外で交流する場はなかった、という人もいるかもしれませんね。でも、頼れる人や気持ちがリラックスできる人がいるだけでも、ストレスが減って、QOLの向上に繋がっていきますよ。

最初は少し戸惑うかもしれませんが、一歩踏み出して、外出の機会を作ってみましょう。

53

家族はほどよい距離感を保つ

出かけた先などで、仲良さそうに歩いているご夫婦を見ると、うらやましくなります。年をとっても健康で仲睦まじく、は理想的なご夫婦ですよね。

でも、本当のところはどうなのか、それはお二人でないとわからないことですね。

どんなに仲が良くても、24時間ずっと二人でいるというのは、正直息が詰まるときもあるのではないでしょうか。

定年前は、ご主人も奥さまも、互いに息抜きができる時間があったでしょう。

それが定年後、ご夫婦二人だけで過ごす時間が長くなると、「夫や家族のために」と、かいがいしく家事をしてきた奥さまは、「わたしばかり」と不満をもつように……。一方、ご主人はというと、自分の思うとおりにやってくれないと不満が……なんてことも。

「相手のために」と思えば思うほど、期待もどんどん膨らんで、自分の思うとおりにならないと不満が出ることが多いようです。仲がよくても四六時中一緒では、さすがに息が詰まりますよね。相手の嫌なところも目につきやすくなって、ついつい小言も出てしまいます。

お家の中でも、寝室を分けたり、自分の部屋を設けて、自分だけの居場所を作ってみてください。

ただ、自分の部屋を持つといっても難しい場合もありますよね。そんなときは、寝室を間仕切って寝るまでの時間を自分の好きに過ごすとか、ダイニングテーブルに座るときは、対角線上に座るようにして視線をずらしたりする工夫で、つかず離れずのほどよい距離感を保ってみてはいかがでしょう。

ちょっとしたアイデアでストレスがちょっと軽くなります。

試してみてください。

54

自分らしく過ごせる住まい作りを考える

男女ともに平均寿命は年々伸びていますよね。

今や人生１００年の時代。子供が独立したあと、定年後はご夫婦二人で過ごす期間が20年も30年もあるようになりました。

海外旅行？　温泉？　美術館めぐり？　二人でジョギングやテニス？　夫婦でマラソン大会に挑戦なんかも素敵ですね。

みなさん、どのように過ごすか、老後の暮らし方についてご夫婦で話しあったりしているのでしょうか。

「定年後の夫婦二人の暮らし方調査」では、元気なときはお互いの個を尊重し、男女とも「自分だけのくつろぎ空間」を求め、体が弱ったときは、「助け合って共有の時間を持ちたい」と意識が変化しているというのがわかります。

ご夫婦二人で、長く、心身ともに心地よく暮らせる住まいとして、個室や部屋のコーナーなどに自分だけの場所を作る、夫婦が二人で心地よく過ごせる場を作る、コミュニティとつながりやすい場の工夫をする、といったことを考えるのも、これからのシニア世代には必要なのかもしれませんね。

間取りや家具の配置をちょっと工夫することで、ご夫婦が同じ空間にいても、それぞれが居心地がよいと感じられる「自分らしく、二人らしく」を大切にした場所づくり、お二人で考えてみてはいかがでしょうか？

55

前向きに工夫をする

あなたは、「もう年だから……」とあきらめてしまうことが多くなっていませんか。

膝や腰を悪くされたことから、階段の上り下りが苦痛になり二階に上がることをあきらめた、キッチンに立って作業をすることがつらくなり料理を作ることをあきらめた、持ち上げることができず、押入れから布団を出したけれどしまうことをあきらめて床にそのままにしているなどとおっしゃる人が、わたしのお客さまの中にもたくさんいます。若いころは何ともなくやっていたことをするにもひと苦労。そのうえ、疲れやすくなっているといったことから「老い」を感じておられるようです。

年を重ねて体の変化を感じると、それが、心にも影響して、「やる気」も失せてしまい、「あきらめ」の気持ちを持ってしまうのです。これまで当たり前にできていたことが、ままならなくなってしまうのですから、そんな気持ちにもなりますよね。

「できない」ことも工夫して、
この先もイキイキと暮らしましょう

でも、よく考えてみてください。「老い」は誰にでもやってきます。しかし、この「老い」というものは、すべての人にとってまだ経験したことのない、はじめてのことですよね。長い人生でつちかった、若い人にはないたくさんの経験や知恵を持つあなたが、「老い」を理由にここであきらめるのは、とてももったいないことだとわたしは思います。

工夫をすれば、できることはまだまだたくさんあるはずです。

「もう年だから……」とあきらめてしまう前に、「こうしたら、まだできる!」ということを見つけて、前向きな気持ちになって、この先の人生も、その人らしい輝きを取り戻していただきたい。そんな思いで、わたしは、お家の中の環境を整え直す、この仕事をしています。

56

片づけは自分と向き合うきっかけを作る

お歳を召してもおしゃれな人を見かけると、とても目を惹かれます。
身だしなみを整える。
みなさん、日ごろから気をつけていらっしゃるのではないでしょうか。
でも、お家の中を整えることは、なぜか後回しになってしまうことが多いのでは？
わたしには、お家の中の様子が、心とリンクしているように思えるのです。
たとえば仕事が忙しかったり、何か悩みごとがあったりすると、お部屋のことまで手がまわらず、気が付いたらお部屋の中が散らかったままに……なんてこと、みなさんも経験ありませんか？

年齢を重ねることによる体の動きにくさや、気力や体力の減退。高齢になると、その心に抱えたものが大きくなってしまわれるのでしょう。

お部屋の中がだんだんと荒れてきて、たとえ誰かが訪ねてきても、家には入れず、そのうちに、人とコミュニケーションをとることも少なくなってきて……。「自立した暮らし」のはずが、いつのまにか「孤立した暮らし」になっていく人も多いです。なんだか寂しいですよね。

片づけは、モノだけでなく、モノからの情報で「そういえば昔はこんなコトを思っていた」など、自分と向き合う、きっかけも作ってくれますよ。

さあ、面倒だ、億劫だ、そんな気持ちを追い払って、「ちょっと家でお茶でもいかが」と、いつでもいえるくらいに家の中の片づけを始めてみませんか。

57

最後までひとり暮らし、「もしも」のときの覚悟を持つ

わたしの知り合いに、もうすぐ１００歳になる女性がいらっしゃいます。年齢を重ね、少しの不自由は当然あります。でも、自立した生活がじゅうぶんにできていいます。すばらしいですよね。

ある日、久しぶりに人里離れた彼女のお宅を訪ねてみました。ところが、ドアは開いているのに、姿が見えません。声をかけながら中に入ると、「助けてー！」と声がします。あわてて声のする方に向かうと、うつ伏せでその女性が倒れていたのです。

すぐに抱き起こして、何があったのか聞いたところ、ベッドで寝ていて明け方にトイレに行こうとしたら、ベッドから落ちて、起きられなくなったそうです。

わたしが行く昼過ぎまで、うつ伏せのまま過ごしていたとのこと。

幸いにもケガはなく、自分で座ったり立ったりもできたので、ホッとしました。

普段とくに悪いところもなく、元気で、自分のことは自分でできているし、夕方には毎日お子さんがご様子を見に来てくださるので、まさかこんなことになって、わたしに助けられるとは思ってもみなかった、とおっしゃっていました。

でも、これからも、いま住んでいる家を離れる気はないそうです。

今回のようなことが、またあるかもしれないけれど、ここで最後を迎えられたらそれでいいとおっしゃいます。

それが、この女性が選んだ、「自分らしく生きる」ということなのでしょうね。

でもそれは、ご本人もご家族も、「もしも」のときの覚悟を持たないとできないことだと感じました。

年を重ねると、気をつけていても、事故は突然起こりますよね。

最後まで「自分らしく生きる」ためには、この先に何が起こりうるのか、ご自身だけでなくご家族も理解しておく必要がありますね。

今日からはじめましょう。
TODOチェックリスト

自宅を終の住まいにする**57**の方法

□ 1 トイレや玄関を片づける↓p32
□ 2 使わないモノは捨てる↓p34
□ 3 プラスチック製の収納ケースを使う↓p38
□ 4 よく使うモノは出し入れしやすい場所に置く↓p42
□ 5 よく使うモノは場所ごとに置く↓p46
□ 6 ドアはレバーハンドルにする↓p48
□ 7 「老い」を受け入れる↓p51
□ 8 モノは1部屋に入る量に減らす↓p54

どこからでも好きな項目から
やってみてください。

□ 9 家族と話す↓p56
□ 10 転倒予防をする↓p58
□ 11 トイレから寝室までモノを置かない↓p62
□ 12 体に合わせたリフォームをする↓p65
□ 13 階段の手すりの幅を最小限にする↓p67
□ 14 床にモノを置かない↓p69
□ 15 片づけで情報収集する↓p71
□ 16 トイレの座高をあわせる↓p73
□ 17 冷えた便座には座らない↓p76
□ 18 トイレへの道は段差をなくす↓p79

□ 19 寝室は18℃以上にする↓p82

□ 20 フットライトを設置する↓p84

□ 21 キャスターにはストッパーをつける↓p86

□ 22 タンスの引き出しにテープを貼る↓p88

□ 23 靴は下駄箱に入れる↓p92

□ 24 階段は均一に明るくしない↓p95

□ 25 階段に色のコントランスをつける↓p98

□ 26 目に合わせて照明を変える↓p100

□ 27 地域のコミュニティカフェにいく↓p104

□ 28 布の下を片づける↓p108

□ 29 使わないモノはすぐ解約する↓p112
□ 30 モノの色は少なくする↓p116
□ 31 「病院セット」をつくる↓p118
□ 32 モノの定位置を決める↓p122
□ 33 段差をなくす↓p124
□ 34 大切なモノを選び取る↓p126
□ 35 少しでも多くのモノを減らす↓p128
□ 36 モノの思い出を心に取り入れる↓p132
□ 37 モノの思い出を話す↓p134
□ 38 選ぶモノをメモで残す↓p136

□ 39 暮らしのルーティンについて話す↓p 139
□ 40 体の状態に合わせて片づけをする↓p 141
□ 41 自分の状態を伝える↓p 143
□ 42 認識してから捨てる↓p 145
□ 43 サポートする↓p 148
□ 44 思い出のモノは量を決めて箱に入れる↓p 151
□ 45 季節の変わり目に気をつける↓p 154
□ 46 浴室・洗面所は換気する↓p 156
□ 47 「もしも」に備える↓p 158
□ 48 終の住まいについて話す↓p 161

□49 自分の時間をつくる↓p163
□50 介護する人に「ありがとう」を言う↓p165
□51 体の変化にあわせて片づける↓p167
□52 外に出て人と話す↓p169
□53 自分の居場所をつくる↓p171
□54 家具の配置を工夫する↓p174
□55 「こうしたら！」を見つける↓p176
□56 片づけで自分と向き合う↓p179
□57 自分らしく生きる覚悟を持つ↓p181

80代《だい》、自宅《じたく》で快適《かいてき》に暮《く》らす片《かた》づけ

100歳《さい》こえて死《し》ぬまで楽《たの》しい57の方法《ほうほう》

二〇二四年二月一五日　初版第一刷発行

著者　弘瀬美加《ひろせみか》
発行者　笹田大治
発行所　株式会社興陽館
郵便番号一一三-〇〇二四
東京都文京区西片一-一七-八　KSビル
電話〇三-五八四〇-七八二〇
FAX〇三-五八四〇-七九五四
URL https://www.koyokan.co.jp
ブックデザイン　ニマユマ
編集協力　稲垣園子
校正　新田光敏
編集補助　飯島和歌子+伊藤桂
編集人　本田道生
印刷　惠友印刷株式会社
製本　ナショナル製本協同組合

ISBN978-4-87723-321-1 C0095